MESSÉNIENNES

ET

POÉSIES DIVERSES.

MESSÉNIENNES

ET

POÉSIES DIVERSES,

PAR M. CASIMIR DELAVIGNE.

ONZIÈME ÉDITION.

TOME SECOND.

A PARIS,

CHEZ LADVOCAT.

LIBRAIRE DE SON ALTESSE SÉRÉNISSIME
MONSEIGNEUR LE DUC DE CHARTRES.

``````````

M DCCC XXIV.
``````````

LIVRE SECOND.

DISCOURS EN VERS.

LA DÉCOUVERTE

DE LA VACCINE,

DISCOURS EN VERS.

LA DÉCOUVERTE

DE LA VACCINE,

DISCOURS EN VERS.

———————

Quels titres n'ont-ils pas à l'amour des humains,

Ces mortels inspirés, dont les savantes mains

Pour nous de la nature ont percé les mystères,

Dans des cercles connus ont fait rouler les sphères,

Et, sondant l'infini, peuplé ses profondeurs

D'immobiles clartés et de feux voyageurs ?

Leur sublime génie, à travers les nuages,

Osa ravir aux cieux le secret des orages ;

A l'aide du cristal en prisme façonné,

Divisa les rayons du soleil étonné ;

Expliqua des couleurs les brillans phénomènes,

Et de notre pensée agrandit les domaines.

Mais reculer l'instant qui nous plonge au tombeau,

Des misères de l'homme alléger le fardeau,

Détruire sans retour ce mal héréditaire

Que l'Arabe a transmis au reste de la terre*,

Qui, trop souvent mortel, toujours contagieux,

---

* On sait que les soldats d'Omar apportèrent la petite vérole en Égypte, d'où elle se répandit dans le reste du monde.

D'une lèpre inconnue a frappé nos aïeux,

Qui n'épargne le rang, ni le sexe, ni l'âge,

C'est le plus beau laurier dont se couronne un sage.

Quelquefois le hasard nous prête son flambeau,

Pour éclairer nos pas dans un sentier nouveau.

Au fond du Glocester, dont les vertes campagnes

Nourrissent des taureaux les utiles compagnes,

Jenner opposait l'art à ce fléau cruel,

Tribut que la naissance impose à tout mortel.

Ses bienfaisantes mains prévenaient la nature,

Et, déposant au sein d'une heureuse blessure

Du poison éprouvé le germe moins fatal,

Transmettaient à la fois le remède et le mal*.

C'est ainsi qu'avant nous les peuples de l'Asie

Préservaient ces beautés, trésors de Circassie,

Qu'un avide intérêt, par ce triste secours,

Aux ennuis du sérail condamnait pour toujours.

Mais c'est peu d'arrêter le torrent dans sa course,

Et Jenner plus heureux en doit tarir la source.

Le bien dans tous les arts n'est qu'un pas vers le mieux.

Tandis que dans Berkley ses loisirs studieux

Contemplent les troupeaux des fécondes génisses,

D'un mal, qui le surprend, les fraîches cicatrices,

---

*Jenner inoculait à Berkley, lorsqu'il découvrit la vaccine.

Ont fixé tout à coup ses yeux observateurs.

« Quelquefois, lui dit-on, de malignes humeurs

« S'arrêtent sous les chairs de la mamelle ardente.

« Le trayon douloureux que la fièvre tourmente,

« Hérissé de tumeurs, couvert d'un pâle azur,

« Prodigue moins les flots de son lait encor pur*,

« Et pressé par les doigts du berger trop avide,

« Distille goutte à goutte une liqueur limpide**.

« Ces venins pénétrans empoisonnent la main

« Qui brise leur prison et leur ouvre un chemin;

« Mais sitôt qu'un pasteur en a senti l'atteinte,

« Il n'est plus tourmenté par la commune crainte :

---

* Le lait moins abondant n'éprouve aucune altération.

** La limpidité est un des caractères principaux qui distinguent le bon vaccin. (HUSSON.)

« Le fléau dont vos soins viennent purger ces lieux ,

« Émousse contre lui ses traits contagieux. »

Jeuner entend ces mots, et sa route est tracée.

Il marche , il touche au but que poursuit sa pensée.

Par le fer délicat dont il arme ses doigts ,

Le bras d'un jeune enfant est effleuré trois fois.

Des utiles poisons d'une mamelle impure ,

Il infecte avec art cette triple piqûre.

Autour d'elle s'allume un cercle fugitif.

Le remède nouveau dort long-tems inactif.

Le quatrième jour a commencé d'éclore ,

Et la chair par degrés se gonfle et se colore.

La tumeur en croissant de pourpre se revêt ,

S'arrondit à la base et se creuse au sommet.

Un cercle plus vermeil de ses feux l'environne ;

D'une écaille d'argent l'épaisseur la couronne ;

Plus mûre, elle est dorée, elle s'ouvre, et soudain

Délivre la liqueur captive dans son sein.

Puisez le germe heureux dans sa fraîcheur première,

Quand le soleil cinq fois a fourni sa carrière.

Si la douzième nuit a commencé son cours,

Souvent il offrira d'infidèles secours.

A peine les accès d'une fièvre légère

Accompagnent les pas de ce mal volontaire,

Et l'ennemi secret par lui seul combattu,

Chassé de veine en veine, expire sans vertu.

O triomphe immortel dans les fastes du monde !

Beauté, fille des cieux, toi dont la main féconde

Se plait à varier ses trésors enchanteurs,

Joint la forme élégante à l'éclat des couleurs,

Imprime au front de l'homme une mâle noblesse,

Et d'un sexe adoré fait régner la faiblesse;

Premier lien des cœurs et volupté des yeux,

Beauté, toi dont l'éclat sur des traits gracieux,

Détruit avant le tems, passait comme un sourire,

Nous pourrons désormais prolonger ton empire.

Mais le bruit du prodige à Londres se répand.

Recueilli dans la plaie, un philtre bienfaisant,

Fixé sur des tissus, prisonnier sous le verre,

Sans perdre son pouvoir traverse l'Angleterre.

Pour Jenner chaque épreuve est un succès nouveau.

Vainqueur, devant ses pas il chasse le fléau.

En vain dans ses fureurs une ignorance altière,

Un bandeau sur les yeux, insulte à la lumière;

Le fanatisme, en vain contre lui déclaré,

Environne l'erreur de son rempart sacré ;

Où règne la raison, l'erreur est sans défense :

L'Angleterre examine, approuve et récompense.

L'Anglais, né libre et fier, aime la vérité ;

Il la cherche, il la trouve, il marche à sa clarté.

Estimé des Français, il leur doit son estime ;

Mais avare en tout tems d'un tribut légitime,

Sans accorder l'éloge, il le veut obtenir.

Rivaux, si l'intérêt a pu nous désunir,

La justice en nos cœurs ne dut jamais s'éteindre :

Deux grandes nations s'admirent sans se craindre !

Voyez loin d'Albion ces Anglais courageux,

A travers les écueils, sur les flots orageux,

Du secret de Jenner propageant les merveilles,

Semer sur d'autres bords l'heureux fruit de ses veilles.

Fendez le sein des mers , hardis navigateurs !

Les autans enchaînés suspendent leurs fureurs ;

Un dieu veille sur vous , un dieu doit vous conduire.

Abandonnez la voile au souffle du zéphire ,

Le ciel est pur , la nuit prodigue ses flambeaux ,

Et les sœurs de Thétis entraînent vos vaisseaux !

Déjà vous atteignez , par delà le tropique ,

Le vaste continent que baigne l'Atlantique.

Le vaccin voyageur parcourt ces bords lointains

Où le moka doré mûrit pour nos festins ,

Et ces vallons peuplés de jeunes bayadères ,

Dont Madras a tissu les parures légères.

Il pénètre à Bagdad , aux murs de Bassora

Que le myrte enrichit des larmes de Myrrha ,

Dans ces champs , où de loin le voyageur admire

Quelques débris épars des grandeurs de Palmire ,

Aux lieux où Constantin a fondé ses remparts ,

Et sous le ciel glacé de l'empire des Czars.

Mais volons sur ses pas aux rives de la France.

Le bruit de ses bienfaits vainement le devance ;

La folle confiance , aux regards effarés ,

Adopte les récits par l'effroi consacrés.

Des crimes de Jenner quelle absurde chronique !

L'un croit trouver la mort dans ce philtre magique ;

L'autre croit voir sa fille , errante aux pieds des monts ,

Fouler , nouvelle Io , le thym et les gazons* ;

---

* Quelques habitans de la campagne , même dans les
environs de Paris , ont poussé la folie jusqu'à croire que le
vaccin pouvait leur faire prendre la forme de l'animal qui
le fournit.

Et chacun , s'obstinant dans l'erreur qui l'obsède ,

Veut expirer du mal , par la peur du remède.

Un plus hardi paraît , et seul mieux inspiré ,

Hasarde un premier pas trop long-tems différé.

Son audace est heureuse , un autre se rassure ;

Un troisième après lui veut tenter l'aventure.

Chaque jour est marqué par de nombreux essais :

Paris donne l'exemple au reste des Français ;

Aux leçons de Paris la province est docile ,

Et bientôt le village ose imiter la ville.

Loin du toit fastueux par le riche habité ,

J'ai vu dans les hameaux la sainte humanité ,

A des travaux pieux consacrant ses lumières ,

De la contagion affranchir les chaumières.

Quand sous l'humble clocher du temple villageois,

L'airain qui frappe l'heure avait frémi deux fois,

Vêtu, comme aux beaux jours, de sa blanche tunique,

Le chantre précédé d'un tambour pacifique,

Du docteur redouté proclamait le retour;

Femmes, enfans, vieillards se pressent à l'entour.

Ce mortel si terrible à leurs yeux se présente.

Ses regards paternels dissipent l'épouvante,

Il rassure la mère, il sourit aux enfans,

Il prédit au vieillard qu'il doit vivre cent ans.

Sous le chaume bientôt la foule se rassemble;

On entre, on est assis, de nouveau chacun tremble.

Ils répondent par ordre à l'appel du pasteur;

Une bourse à la main, de loin le bon docteur

Montre au plus intrépide un prix de sa vaillance;

Le magister sourit d'un air de défiance,

Et les traces d'un mal, qu'il a trop mérité,

Ont gravé sur son front son incrédulité.

L'instant fatal approche; il faut qu'on se décide....

Des assistans nombreux quel est le moins timide ?

Qu'il se signale ! Il vient; tous au fer menaçant

Vont offrir tour à tour un bras obéissant.

Debout au milieu d'eux, le Nestor du village

Tout bas par ses discours affermit leur courage.

Une mère l'écoute, et les pleurs dans les yeux,

Inquiète, à son fils adresse ses adieux,

Le présente au docteur et soudain le retire,

Puis le présente encor, se détourne et soupire.

L'un affecte un grand cœur que son trouble dément ;

L'autre rougit, pâlit et pleure franchement ;

Leur voisin en héros affronte la piqûre,

Après ce bel exploit, plus fier de sa blessure,

Qu'un vieux soldat français mourant pour son pays

Dans les champs de Rocroi, de Lens ou d'Austerlitz.

Cependant à regret leur bienfaiteur les quitte.

Quelques jours écoulés, un soir il les visite.

Ce n'est plus la terreur qu'il fait naître aujourd'hui :

Ses malades charmés sautent autour de lui ;

Le plus jeune d'entre eux l'embrasse et le caresse ;

Leurs visages vermeils respirent l'alégrésse ;

Ils devancent ses pas d'un air leste et dispos.

Leurs complimens naïfs, leurs aimables propos,

La verdeur des vieillards, la fraîcheur de leurs filles,

La joie et la santé de toutes les familles,

Attestent le pouvoir d'un art libérateur,

Et tous, sans le connaître, en bénissent l'auteur.

Adopte ce bienfait , ô France ! ô ma patrie !

Après tant de revers qui ne t'ont pas flétrie ,

En dépit des vainqueurs , forcés de t'admirer ,

Quel beau siècle pour toi semble se préparer !

Je vois de toutes parts une race nouvelle

S'élever dans ton sein plus nombreuse et plus belle.

La nature vaincue en respecte la fleur.

Plus tard étincelans de grâce et de vigueur ,

Ces jeunes nourrissons peuplent tes champs fertiles ;

Laboureurs au village , artisans dans les villes ,

Par l'équité sévère armés du fer des lois ,

Admis à la tribune à discuter nos droits ,

Ardens , prêts à donner tous les trésors de l'Inde ,

Pour les lauriers de Mars ou les palmes du Pinde !

Croissez, nobles enfans , l'espoir du nom français;

Par la guerre illustrés , soyez grands dans la paix.

Si quelque roi jaloux insulte à votre gloire,

Couronnez votre front d'une double victoire :

Régnez par les beaux-arts sur ses peuples soumis,

Et soyez sans rivaux comme sans ennemis.

DISCOURS

D'OUVERTURE

DU SECOND THÉATRE FRANÇAIS.

Devéria del.   Baudet sc.

GALILÉE INDIGNÉ CHANGE L'ORDRE DES CIEUX.

. . . .

N'A-T-IL PAS EXPIÉ PAR TROIS ANS DE PRISON
L'INEXCUSABLE TORT D'AVOIR TROP TOT RAISON.

DISCOURS

D'OUVERTURE

DU SECOND THÉATRE FRANÇAIS.[*]

DE ce triple salut ne prenez point d'ombrage;

Je ne viens point, porteur d'un sinistre message,

Annoncer en tremblant qu'un Grec ou qu'un Romain

Ce soir donne à l'affiche un démenti soudain;

Qu'Oreste, moins zélé pour une amante ingrate,

Renonce à conspirer par ordre d'Hippocrate,

Ou que le roi des rois désertant ses états,

S'est enfui pour Bordeaux sans réveiller Arcas;

Nous avons su trouver, loin des sentiers vulgaires,

---

[*] Ce discours fut prononcé le 23 octobre 1819.

Trop heureux si, glanant où leur foule moissonne,

Nous ramassons les brins tombés de leur couronne;

Plus heureux si, par zèle, artistes casaniers,

Nous pouvons sous vos yeux cueillir tous nos lauriers.

Vous, cependant, vous tous, qu'un amour idolâtre

Enflamme noblement pour les jeux du théâtre,

Dirigez sans rigueur nos efforts incertains;

Soyez nos protecteurs, traitez-nous en voisins,

Vous, disciples d'un dieu que plaisanta Molière,

Et songez qu'Apollon d'Esculape est le père.

Vous aussi, de Thémis généreux nourrissons,

Reposez-vous ici de ses doctes leçons.

Puisse une ample récolte ombrager sur ces rives

Le front de nos caissiers de palmes lucratives!

Puissiez-vous, chaque hiver, braver les aquilons

Contre un sexe craintif déchaînés sur les ponts!

Puissent les doux bravos caresser notre oreille !

Puissions-nous voir l'auteur représenté la veille,

Saluant son ouvrage, à la porte annoncé,

Sortir tout radieux de n'être point placé !

Comblez ce temple heureux de dépouilles opimes ;

Mais allez dans quelqu'autre immoler vos victimes.

Hélas ! j'ai vu nos dieux abandonnés, proscrits,

Et ce vide effrayant frappe encor mes esprits.

Alors, de l'Odéon le long pèlerinage

Étonnait un fidèle et troublait son courage.

Si quelques voyageurs, nés au quartier d'Antin,

Découvraient l'Odéon dans ce désert lointain,

Ils l'admiraient, frappés de respect et de crainte,

Comme un vieux monument d'Athène ou de Corinthe,

Et rentraient dans Paris, sans risquer un écu,

Pour voir les naturels de ce pays perdu.

Voilà, voilà, Messieurs, l'effrayante chronique

Qu'on tourne à nos dépens en récit prophétique ,

Éternel entretien de l'amateur glacé

Qui lit notre avenir écrit dans le passé.

Voilà les souvenirs dont s'armait la censure,

Durant les longs travaux de notre architecture.

Pourquoi sont-ils passés ces tems, ces heureux téms ,

Où les murs s'élevaient au son des instrumens ,

Où les rochers émus cédaient à l'harmonie

Des Lafont, des Duport de la Mythologie?

Thalie eût emprunté, pour bâtir son palais ,

Notre orchestre... ou celui du Théâtre-Français,

Et nous eût épargné les sinistres augures

Qu'ont rendus contre nous les cent voix des brochures.

Deux théâtres ! dit-on ; mais le seul existant,

Faute d'appuis nouveaux, ne marche qu'en boîtant.

Eh! Messieurs, partagez le champ le plus stérile :

Un seul le négligeait, deux le rendront fertile.

Les talens sont les fruits de la rivalité :

Souvent un fils unique est un enfant gâté.

Que n'a-t-il pas produit ce siècle de miracles,

Où le Pinde français a rendu ses oracles?

Mais, illustrés par lui, deux théâtres rivaux

Luttaient dans la carrière ouverte à ses travaux.

De Racine au combat l'un suivait la bannière,

L'autre avait arboré l'étendard de Molière,

Et l'auteur immortel du Cid et du Menteur

Versait sur les deux camps son éclat créateur.

Du zèle et des succès le public tributaire

Portait de l'un à l'autre un appui volontaire;

Et, fidèle au talent qui charmait son loisir,

N'embrassait de parti que celui du plaisir.

Quand l'astre de Ferney n'éclaira plus la scène,

Il laissa dans la nuit Thalie et Melpomène ;

Mais la rivalité, divisant leurs sujets,

Du jour qui n'était plus nous rendit les reflets.

Fabre prêtait alors à la muse comique

La mordante âpreté de sa verve caustique ;

Sur les pas de Chénier, Legouvé prit l'essor ;

Cet aimable Collin, que Paris pleure encor,

Par l'abandon naïf de sa facile veine,

Mérita le surnom qu'ennoblit La Fontaine ;

Ducis nous attendrit pour d'illustres malheurs,

Ducis, dont l'art sublime éveillait nos terreurs,

Inspiré par Shakespear qu'il imitait en maître,

Égala Crébillon , le surpassa peut-être.

Caïn aux spectateurs retraçait sur ces bords

L'horreur du premier crime et des premiers remords ,

Tout près du Luxembourg , le Vieux Célibataire ,

Sous les traits de Molé, captivait le parterre ;

De Marius aux fers la sombre majesté

Désarmait d'un regard le Cimbre épouvanté ;

Cependant qu'Othello , Polynice et son père ,

Fénélon et Boulen , et Macbeth et Fougère ,

Du bruit , toujours croissant , de leurs brillans destins ,

Fatiguaient les échos des bords ultrapontains.

Quelque splendeur alors couronna nos poètes ;

Mais n'ont-ils pas trouvé de dignes interprètes ?

Contat, Caumont, Raucourt, Sainval et Dugazon ,

Laissaient-ils au besoin les enfans d'Apollon ?

Fleuri, dont ce théâtre a gardé la mémoire,

Survit à nos plaisirs sans survivre à sa gloire.

Saint-Prix, digne héritier du sceptre de Brizard,

A des collatéraux vient de léguer son art;

Mais Paris se console en écoutant Oreste,

Et rit de deux jours l'un : Célimène lui reste.

Si la rivalité fut féconde en succès,

Pourquoi désespérer de ses nouveaux essais?

Un moment, chaque soir, ce combat dramatique

Ne peut-il dérider la sombre politique?

Animant de la voix deux empires jumeaux,

La grave déité qui préside aux journaux

Ne peut-elle au budget dérober une page,

Pour peser les destins de Rome et de Carthage?

Plus d'un guerrier captif, et long-tems sans espoir,

S'apprête à secouer la poudre d'un tiroir ;

Plus d'un prince , indécis entre les deux frontières ,

N'attend que nos succès pour franchir nos barrières.

Venez , tristes héros , nos bras vous sont ouverts ;

Affrontez parmi nous des flots souvent amers.

Le Permesse à la fin est pour vous navigable ,

Et vous n'attendrez plus comme une ombre insolvable

Qui , suppliant Caron de la prendre au rabais ,

Errait au bord du Styx sans le passer jamais !

Notre esquif lève l'ancre et va braver l'orage ;

Mais c'est peu d'un esquif , il faut un équipage.

Que le nôtre à former nous a coûté d'efforts !

Nous avons parcouru la province et ses ports ,

Dépeuplé la Belgique , et du Conservatoire

Appelé dans nos rangs et l'élite et la gloire.

Si nous vous présentons quelques heureux talens ,

Pardonnez des écarts à leurs nobles élans.

Faut-il rejeter l'or pour un peu d'alliage ?

Que son éclat plus pur devienne votre ouvrage.

Songez qu'avec le tems le bien se change en mieux ;

Que le plus beau talent ne prend que sous vos yeux

Ce goût, cette nature élégante et fidèle,

Ce bon ton dont Moncade emporta le modèle ;

Que le Garrick français s'éleva par degré

Aux célestes transports de Joad inspiré ;

Qu'enfin d'un geste vrai la muette éloquence

Est fille d'Apollon... et de la Patience.

Ce propos me rappelle un conte d'autrefois ;

Veuillez l'entendre : Ésope en faisait même aux rois.

Les rois, vous le savez, sont des dieux sur la terre,

Et ce qu'on dit aux dieux peut se dire au parterre.

« Dans un pays que je ne nomme point,

Pays des arts, du goût, de l'élégance,

(Il est, je crois, de votre connaissance,)

Était un parc admirable en tout point.

Chose bizarre : une seule avenue

Le traversait dans sa vaste étendue.

Là s'assemblaient gens de cour et bourgeois;

Juge, avocat, militaire, coquette,

S'y délassaient du soin de leurs emplois,

Ou des travaux d'une longue toilette.

Les orangers parfumaient ces beaux lieux;

On y rêvait au doux bruit des fontaines.

Quels gazons frais! quels sons mélodieux!

Les rossignols y chantaient par centaines

Toute l'année... hormis deux ou trois mois,

Où ces messieurs prenaient tous leur volée,

Couraient les champs, et laissaient dans l'allée

D'autres oiseaux, lesquels étaient sans voix.

A leur retour, la foule consolée

Dans l'avenue oubliait ses ennuis;

On s'y portait: c'était la mode; et puis...

C'était la seule. Un bon vieillard, un sage

Dit : Mais pourquoi ne pas en avoir deux?

Soudain on plante, on se hâte, et l'ouvrage

Va lentement; alors c'était l'usage.

La promenade ouverte aux curieux,

Tout le monde entre, et d'abord la Critique.

Sur les défauts chaque passant s'explique.

Qui n'a les siens? C'est bien, s'écriait-on;

Mais peu de fleurs! mais des arbres sans ombre;

Les rossignols n'y sont pas en grand nombre!

Des fruits, pas un! A peine du gazon.

Oh ! l'autre allée aura la préférence ;

Elle a la mienne, et j'y cours... Patience,

Dit le vieillard, qui parlait de bon sens ;

Juger trop vite à l'erreur nous entraîne.

Est-ce en deux jours que le gland devient chêne ?

Laissez grandir ces arbustes naissans,

Ils donneront du frais et de l'ombrage.

Prodiguez l'onde aux gazons délicats,

Et leur duvet s'étendra sous vos pas.

Encouragez les chantres du bocage,

Les rossignols, épars sur les rameaux,

Verront près d'eux s'élever des rivaux ;

Leur foule un jour couvrira ce feuillage,

Vous charmera de chants toujours nouveaux.

Toute l'année ils vous seront fidèles...

On prendra soin de leur couper les ailes.

Laissez aux fleurs le tems de s'entr'ouvrir,

Et leurs couleurs n'en seront que plus belles.

Vienne l'automne, et les fruits vont mûrir.

Achetez donc par un peu d'indulgence

Double avenue et double jouissance. »

Suivit-on ce conseil? ce conseil fut-il vain ?

Le mot de cette énigme au compliment prochain.

DISCOURS

D'INAUGURATION

POUR L'OUVERTURE

DU THÉATRE DU HAVRE.

DISCOURS

D'INAUGURATION

POUR LE THÉATRE DU HAVRE. *

Consacré par vos soins aux neuf sœurs de la fable,

Enfin il est debout ce temple interminable,

Qui. de ses fondemens sortant avec lenteur,

Long-tems d'un vain espoir flatta le spectateur,

Comme un chêne encor nain promet, à fleur de terre,

D'ombrager les neveux de son propriétaire.

---

* Ce théâtre a été ouvert le 25 août 1823. L'auteur est né au Hâvre.

Pour nous il s'est levé ce jour terrible et doux,

Ce jour qui tant de fois recula devant nous;

Aux torrens du public enfin la porte s'ouvre,

Et sur vos bords aussi le génie a son Louvre.

Le parterre l'admire, étonné de s'asseoir

Sous un soleil nouveau qui s'allume le soir;

Il en peut comtempler la colonnade ovale,

De celle de PERRAULT très modeste rivale,

Les degrés somptueux et les foyers ouverts

Sur vos bassins chargés de pavillons divers.

L'armateur satisfait, pour prix de ses largesses,

Peut du sein des plaisirs calculer ses richesses,

Et dans ces lacs profonds, creusés pour son comptoir,

Voit d'un gain assuré se balancer l'espoir.

Tourne-t-il ses regards vers la scène mobile!

Une forêt qui fuit lui découvre une ville ;

C'est là que CICÉRI, dont les heureux pinceaux

Font frémir le feuillage et couler les ruisseaux,

A suspendu pour vous les tentes de l'Aulide,

Vous égare avec lui dans les jardins d'Armide,

Vous offre tour à tour le Caire et ses bazars,

La prison de Warvick, le palais des Césars,

Le temple de Vesta, le bosquet de Joconde,

Et vous donne en peinture un abrégé du monde.

Pour enchanter vos sens tous les arts sont d'accord,

Mais au goût qui les juge ils devaient cet effort.

Où pouvaient-ils porter d'aussi justes hommages ?

Quel plaisir délicat n'a droit à vos suffrages ?

C'est peu que la Neustrie étale à tous les yeux

Les opulens tributs d'un sol industrieux,

Ces pressoirs ruisselans qu'un jus doré colore,

Ces basins de Déville, et ces prés où l'Aurore,

Qui n'a jamais quitté son époux d'un œil sec,

Vient mouiller de ses pleurs les madras de Bolbec;

C'est peu que d'Yvetot le royaume historique

Habille un peuple heureux des tissus qu'il fabrique,

Et d'un chorus de joie ébranlant les échos,

Célèbre le lundi sous les pommiers de Caux;

Votre gloire est plus belle, et l'antique Neustrie

N'est pas moins chère aux arts que chère à l'industrie.

Là, CORNEILLE naquit, et cet esprit puissant,

Qui créait à lui seul le théâtre naissant,

A devancé RACINE, et QUINAULT, et MOLIÈRE,

Et son laurier normand couvre la France entière;

Là, naquit FONTENELLE, astronome mondain,

Que les grâces suivaient un compas à la main;

Là, ce peintre éloquent, POUSSIN, dont le génie

D'un RAPHAEL français étonna l'Italie !

Sol fécond, dans tes champs le voyageur séduit

Rencontre un souvenir en savourant un fruit :

Arques, Falaise même eut ses jours de vaillance,

Et Rouen plus fameux, où, morte pour la France,

JEANNE, qui succombait sous le joug étranger,

Léguait aux cœurs normands son malheur à venger;

Et ce clocher d'Harfleur, debout pour vous apprendre

Que l'Anglais l'a bâti, mais ne l'a pu défendre;

Enfin votre cité, cette reine des eaux,

Par un commerce actif rivale de Bordeaux,

Rivale de Toulon par plus d'une victoire,

Qui s'illustra soi-même et suffit à sa gloire.

Oui, vous deviez un temple aux filles d'Apollon :

Elles ont eu des sœurs dans ce riant vallon ;

C'est toi que j'en atteste, aimable LAFAYETTE,

De CLÈVE et de NEMOURS muse tendre et discrète,

Qui dérobas ta vie à la célébrité

En illustrant le nom que SEGRAIS t'a prêté ;

Toi, docte SCUDÉRI, muse plus téméraire,

Lauréat féminin d'un concours littéraire.

Mais le Hâvre a vu naître un talent créateur,

Celui qui transporta sur ce bord enchanteur

Les fables et les dieux de l'Arcadie antique*.

Tout prend sous ses pinceaux un charme poétique :

La Seine est une vierge et fuit un jeune amant ;

---

* Bernardin de Saint-Pierre.

A croire les récits de ce conteur charmant,

La pomme de discorde, offerte à trois rivales,

Se brisa dans vos champs en deux moitiés egales;

Et si des noirs pépins le germe trop fécond

A semé les procès qu'on récolte à Domfront,

La blancheur de la pomme, où l'incarnat se joue,

Embellit la Cauchoise et brille sur sa joue.

Eh! qui de vous, Messieurs, quand, propice aux vaisseaux,

La Hève, au sein des nuits, allume ses fanaux,

Quand la mer vient heurter de ses vagues plaintives

Les rivages de Leure et les pointes de Dives,

Quand le signal d'alarme annonce à vos nochers

Qu'une nef en débris se perd sur les rochers,

Qui de vous, plus sensible aux traits d'un beau génie,

Ne voit sur le tillac s'abîmer Virginie?

De cet amour si pur qui n'a plaint les malheurs?

Gloire au talent divin consacré par vos pleurs !

Honneur à sa patrie ! Hélas ! plus d'un orage

Retraça sous vos yeux cet immortel naufrage ;

Plus d'une fois aussi le Hâvrais généreux,

Élancé dans les flots et repoussé par eux,

Pour l'humanité seule affronta la tourmente

Que PAUL au désespoir bravait pour une amante ;

Il affronta la mort, quand l'obus en passant

Creusait sous ses éclats le gallet jaillissant,

Et qu'aux cris des vainqueurs, aux clameurs de la ville,

Aux bravos répétés des coteaux d'Ingouville,

L'amiral ennemi, foudroyé par nos forts,*

Voyait tomber ses mâts croulant sur ses sabords.

Mais la paix vous désarme et vous rend l'opulence ;

---

* Sir Sidney Smith.

Recueillez ses présens : que sa douce influence

Règne aussi sur les mers que vous devez franchir ;

Que le brick voyageur, armé pour s'enrichir

Des parfums du Niger, de l'Indus et du Phase,

S'élance du chantier qu'en glissant il embrase ;

Que du fruit cotonneux des champs américains

La poulie en criant charge vos magasins ;

Sortant à grains dorés du boucaut qui se vide,

Que le Moka pour vous s'élève en pyramide,

Et que de vos trésors quelques faibles ruisseaux,

Détournés de leurs cours, tombent dans nos bureaux.

Venez sur notre scène, à vos frais embellie,

Courtiser, chaque soir, Melpomène et Thalie....

Melpomène !... à ce nom ne vous alarmez pas ;

La muse de GRÉTRY sur elle aura le pas.

De tragiques douleurs pourraient mettre à la gêne

Les colins obligés de la troupe indigène ;

Nous ferons succéder à leurs tendres accens ,

Non pas d'un dieu proscrit les bandits innocens ,

Mais l'heureux Vaudeville , enfant de la satire ,

Dont le luth Bas-Normand naquit au Val de Vire.

Enfin nous tenterons de plus nobles efforts ,

Quand Mars et quand Talma, passagers sur nos bords ,

Offriront aux bravos ce talent admirable ,

Qui n'imita personne et reste inimitable.

Heureux de nos autels les humbles desservans ,

Si le dieu trop connu qui déchaîne les vents ,

Nous épargnant au port ses sifflemens sinistres ,

A nos dépens jamais ne vous prend pour ministres ,

Et plus heureux l'auteur qui composa ces vers,

S'il n'a point profané des noms qui vous sont chers,

Et s'il fait partager à votre ame attendrie

Le plaisir qu'il éprouve en chantant sa patrie.

ÉPITRE.

...... Et proposui in animo meo quærere
et investigare sapienter de omnibus quæ
fiunt sub sole. Hanc occupationem pes-
simam dedit Deus filiis hominum, ut
occuparentur in eà. (ECCLES., cap. 1.)

ÉPITRE

A MESSIEURS

DE L'ACADÉMIE FRANÇAISE,

SUR CETTE QUESTION:

L'ÉTUDE FAIT-ELLE LE BONHEUR DANS TOUTES LES SITUATIONS DE LA VIE?

Illustres héritiers du sceptre académique,

Tous égaux en pouvoir, vous, dont la république

Offre aux regards surpris de cet accord heureux,

Quarante souverains qui sont unis entre eux;

Souffrez que la Sorbonne, armée à la légère,

Hasarde contre vous un combat littéraire.

Le bonnet de docteur couvre mes cheveux blancs,

Et pour argumenter je monte sur les bancs.

Des neuf vierges du Pinde éloquens interprètes,

Le ciel vous a dotés de ses faveurs secrètes;

Vous avez vu les fruits de vos nobles travaux

D'un public idolâtre emporter les bravos :

Soit que, les yeux en pleurs, sur la scène il contemple

Benjamin, Clytemnestre et les héros du Temple;

Que deux amis rivaux, pour corriger Paris,

Reproduisent Térence et Plaute en leurs écrits;

Soit que vous décriviez, sur le mont d'Aonie,

Les doux travaux des champs et les lois d'Uranie;

Que la grave Clio vous prête son burin,

Ou qu'Apollon vous guide, un Homère à la main.

Je le sais, une étude et constante et profonde,

Des triomphes pour vous fut la source féconde.

L'étude, à vous entendre, est un divin secours;

De l'existence entière elle embellit le cours....

Rebelle sur ce point, pardonnez si ma plume

Prouve que ces plaisirs sont mêlés d'amertume;

Que, semblable à ce mets du bossu phrygien,

L'étude est un grand mal comme un souverain bien.

Le besoin de parler m'entraîne à contredire;

Je suis vieux et docteur, passez-moi mon délire.

Heureux, heureux le tems où les premiers humains

Du temple de mémoire ignoraient les chemins!

Non pas qu'au siècle d'or ma muse les couronne

6.

Des éternelles fleurs d'un printems monotone ;

Non que je prise fort l'innocence des mœurs ,

Qui dans un lourd repos assoupit nos humeurs ,

Éteint des passions les flammes immortelles ;

Il n'est point de grandeur, point de bonheur sans elles.

Humains , j'aime à vous voir en ce siècle vanté

Jouir avec excès de votre liberté.

Dans de vieux préjugés votre esprit à la gêne

N'était pas en naissant accablé sous sa chaîne ;

Vous n'aviez point payé , par d'arides travaux ,

Les tristes visions qui troublent nos cerveaux ;

De la nature encor vous respectiez les voiles ;

Qui de vous disputait sur le cours des étoiles ?

Le fanatisme ardent , qui parle au nom du ciel ,

Ne gonflait point vos cœurs d'arrogance et de fiel ;

Des sectes et des lois dédaignant l'esclavage ,

Vous réfléchissiez moins, vous sentiez davantage ;

Votre amour est farouche et tient de la fureur ;

Votre prompte justice imprime la terreur ;

Mais dans l'aspérité de vos vertus naïves ,

Brillent du naturel les traces primitives.

J'admire plus cent fois ce lion furieux ,

Qui, la gueule béante et le sang dans les yeux ,

Les ongles tressaillant d'une effroyable joie ,

Suit son instinct féroce et déchire sa proie ,

Que ces ours baladins, sous le bâton dressés ,

Étalant aux regards leurs ongles émoussés,

Leur gueule sans honneur, que le fer a flétrie ,

Attributs impuissans d'une race avilie.

Las d'un libre destin , las de sa dignité,

L'homme sur ses autels plaça la vanité.

Le front chargé d'ennuis l'étude prit naissance ,

Et l'erreur à sa voix détrôna l'ignorance.

L'homme a dit* : « Je sais tout et j'ai tout défini ;

« J'ai pour loi la raison , pour borne l'infini.

« L'étude me ravit à des hauteurs sublimes :

« De ce globe étonné j'ai sondé les abîmes :

« Cet élément subtil dont il roule entouré ,

« Ce feu , de tous les corps le principe sacré ,

---

* Locutus sum in corde meo, dicens : Ecce magnus effectus sum , et præcessi omnes sapientiâ qui fuerunt ante me in Jerusalem : et meus mea contemplata est multa sapienter, et didici.

Dedique cor meum ut scirem prudentiam atque doctrinam, errores et stultitiam ; et agnovi quod in his quoque esset labor et afflictio spiritûs. (ECCLESIASTES , cap. i.)

« L'onde qui les nourrit de ses flots salutaires,

« N'ont pu contre mes yeux défendre leurs mystères.

« Est-il quelques secrets, cachés au fond des cieux,

« Que n'ait point pénétrés mon regards curieux?...»

Moins fier de sa raison, il eût mieux dit peut-être :

« J'ai su tout expliquer, ne pouvant tout connaître.»

L'insensé ! quels combats il s'épuise à livrer,

Pour détruire un mensonge ou pour le consacrer !

Que d'efforts malheureux , que de veilles stériles !

Qu'il érige à grands frais de systèmes fragiles !

Ptolémée, illustré par cent travaux divers*,

Dans un ciel de cristal fait tourner l'univers.

---

* Ptolémée, surnommé le Très Sage et le Divin, supposa
l'existence d'un dernier ciel de cristal qui imprimait le
mouvement à tous les autres.

D'autres, soumettant tout aux lois de Polymnie *,

Des cercles étoilés ont noté l'harmonie.

Si le tems nous éclaire et les a réfutés,

Le tems de mille erreurs a fait des vérités.

Tout le savoir humain n'est qu'un grand labyrinthe.

L'étude nous conduit dans cette obscure enceinte ;

De son fil embrouillé, qui s'allonge toujours,

On suit péniblement les tortueux détours ;

Le voyageur perdu marche de doute en doute,

Et sans se retrouver expire sur la route.

A peine un faible enfant, échappé du berceau,

---

* On connaît les idées des anciens sur l'harmonie des corps célestes. Pythagore et ses disciples avaient représenté par les sept notes de la musique les sept planètes alors connues.

A brisé ces liens qui révoltaient Rousseau,

Les Quatre Facultés, dont la voix l'endoctrine,

Épouvantent ses yeux de leur manteau d'hermine.

Certes, quand la frayeur hâte ses premiers pas,

Le chemin qu'il parcourt a pour lui peu d'appas.

Ne maudissiez-vous point Sophocle et Stésichore,

Quand, leurs vers à la main, vous ignoriez encore

Que vous deviez un jour chez nos derniers neveux

Leur disputer l'honneur d'être maudits comme eux ?

Mais du collége enfin foulez aux pieds les chaînes.

O liberté ! sans toi les plaisirs sont des peines !

Quel destin vous attend, si de la vérité

Le flambeau redoutable est par vous présenté !

Que de petits esprits, jaloux des noms célèbres,

Prendront contre le jour parti pour les ténèbres !

Leur nombre dangereux fait leur autorité :

Les sots depuis Adam sont en majorité.

La divinité même inspire Anaxagore * ;

D'un exil flétrissant l'arrêt le déshonore.

Les rêves d'Aristote abusaient nos aïeux :

Galilée indigné change l'ordre des cieux.

Sans pitié loin du centre il rejette la terre,

Du soleil par sa marche il la rend tributaire...

---

* Anaxagore soutint le premier qu'une intelligence di-
vine avait présidé à l'arrangement de l'univers. Les prières
de Périclès, son élève et son ami, ne purent lui épargner
la honte d'être chassé d'Athènes, comme un impie.

N'a-t-il pas expié par trois ans de prison

L'inexcusable tort d'avoir trop tôt raison ?

Répondez : que servit aux maîtres de la lyre

De suivre les écarts d'un immortel délire ?

Faut-il d'un seul exemple attrister vos regards ?

Le siècle de Louis, le siècle des beaux-arts,

N'accorda qu'à regret, vaincu par la prière,

Du pain au grand Corneille, une tombe à Molière.

Nourrissez donc le feu de vos nobles désirs ;

Immolez à l'étude, état, repos, plaisirs ;

Veillez, jeunes auteurs, pour qu'un jour d'injustice

De dix ans de travail renverse l'édifice.

Je veux qu'un beau succès couronne votre orgueil ;

Un peuple d'ennemis vous suit jusqu'au cercueil.

Triste sort des talens ! La noire calomnie

Flétrit de ses poisons le laurier du génie ;

Mille insectes impurs en rongent les rameaux,

Et, comme le cyprès, c'est l'arbre des tombeaux.

Vous, qu'Apollon choisit pour siéger dans son temple,

Oserai-je en passant vous citer votre exemple ?

Que de fois la critique a de son trait cruel

Effleuré jusqu'au vif votre cœur paternel !

Que de fois l'indigence au fond de votre asile,

Sans feu, durant l'hiver, fixa son domicile,

Quand vous n'osiez encore, humbles dans votre orgueil

Aspirer aux honneurs de l'immortel fauteuil !

Mais sortez, direz-vous, du temple de mémoire ;

Cessez d'unir l'étude à l'amour de la gloire....

Vous m'avez prévenu ; c'est dans l'obscurité

Que l'étude est un pas vers la félicité.

La vérité m'attire, et, soigneux de me taire ,

Je la cherche, la trouve, et la cache au vulgaire...

La cacher ! à ce mot vous répondez soudain ,

Comme l'eût fait Caton dans le sénat romain :

« La cacher ! il le faut, si sa clarté peut nuire ;

« Mais au pied du bûcher dût-elle te conduire,

« Si tu conçois l'espoir d'être utile aux humains,

« Parle, aux fers des tyrans cours présenter tes mains.

« Parle, c'est ton devoir ; philosophe , à quel titre

« Du bonheur des mortels te rendrais-tu l'arbitre ?

« Tu pâlis... De quel droit priver des malheureux

« De ce dépôt sacré qui t'est commis pour eux ?

« La gloire n'est, dis-tu, qu'une illustre fumée ?

« Il s'agit d'une dette, et non de renommée.

« Parle au prix de tes jours ; le sacrifice est grand ,

« Mais tu te l'imposais toi-même en t'éclairant.

« Ton honneur, ton pays, le monde le réclame ;

« Meurs donc infortuné pour ne pas vivre infâme. »

L'alternative est grave , et , parmi vous , je crois

Qu'on eût vu Fontenelle hésiter sur le choix.

Un auteur fut souvent brûlé pour un bon livre ;

Il est beau d'être lu , mais il est doux de vivre.

Je suis sexagénaire et crains de m'exposer :

Que j'arrive à cent ans , et je veux tout oser.

Voilà mon sentiment, Messieurs, ne vous déplaise.

Je le redis encor , retranché dans ma thèse :

Comme ce roi Janus qu'adora l'univers

L'étude offre à mes yeux deux visages divers.

L'un est bouffi d'orgueil, mais pâle de tristesse ;

L'autre, calme et riant, ressemble à la sagesse.

Le sage qui la suit, prompt à se modérer,

Sait boire dans sa coupe et ne pas s'enivrer.

Quel que soit de nos jours ou l'éclat ou le nombre,

L'existence de l'homme est le rêve d'une ombre* :

Veux-tu donc l'embellir ce rêve passager?

Pourquoi chercher au loin un bonheur mensonger?

Livre-toi tout entier à la douceur secrète

D'ensevelir ta vie au fond d'une retraite.

Sans t'épuiser en soins, sans te perdre en projets,

Laisse errer ton esprit sur la fleur des objets;

Repoussant loin du mien l'aliment qui l'accable,

Je cherche à le nourrir d'une science aimable.

J'exerce ma raison avec timidité;

---

* Σκιᾶς ὄναρ ἄνθρωποι. (PINDARE.)

A MESSIEURS

J'adore sans orgueil la sainte vérité.

Virgile ou Cicéron m'enflamme à son génie ;

Ils me font tour à tour fidèle compagnie.

Que j'aime Cicéron lassé du consulat,

Préférant Tusculum aux pompes du sénat !

Entouré de faisceaux, je l'admirais dans Rome ;

Là, je vois l'homme heureux qui vaut bien le grand homme.

Le sort m'a-t-il repris ses présens incertains,

L'étude moins trompeuse adoucit mes chagrins ;

De mes sens agités calme l'inquiétude,

Dissipe mes ennuis, peuple ma solitude.

O champs de la Neustrie ! ô fertiles vallons !

Quand la fraîcheur du soir descend du haut des monts,

Sous des pommiers en fleurs, à l'ombre des vieux chênes

Laissez-moi m'égarer aux bords de vos fontaines!

L'aspect de l'univers m'élève à son auteur;

Il me révèle un Dieu, mais un Dieu bienfaiteur.

J'apprends à mépriser cette horreur fantastique,

Qu'au chevet des mourans plaça la politique.

Doit-on dans ses décrets prévenir l'Éternel?

Mortel, songe à toi-même en jugeant un mortel;

Et, faible comme lui, ne sois pas plus sévère

Que ce Dieu qui pardonne ou qui punit en père.

Avons-nous à pleurer la perte d'un ami?

Notre esprit est plus fort par l'étude affermi.

Que c'est bien à mon sens la volupté suprême,

D'oublier les humains, de descendre en soi-même,

De fixer dans son cœur, trop long-tems combattu,

L'inaltérable paix que donne la vertu!

Fais-toi donc de te vaincre une douce habitude;

Oui, consacre ta force à cette noble étude;

Elle est digne de l'homme, elle mène au bonheur:

Apprends, pour être heureux, à devenir meilleur.

Mais je vous voir sourire, auguste aréopage;

« Docteur, me dites-vous, c'est raisonner en sage :

« Pour vous l'étude obscure a seule des douceurs;

« Vous rimez cependant en blâmant les neuf sœurs...»

J'entends, brûlez mes vers. Dans l'ardeur d'un beau zèle

Je condamnais la gloire et l'étude avec elle.

Ingrat, je blasphémais; leurs rêves séduisans

D'un orgueilleux espoir caressaient mes vieux ans,

Me promettaient déjà cette palme éclatante,

Digne prix qu'Apollon par vos mains nous présente;

Dans mon cœur épuisé réveillaient des désirs,

Et réfutaient mes vers en charmant mes loisirs;

J'étais heureux eufin. Dans cette triste vie,

Où de revers si prompts la victoire est suivie ;

Où nos plus doux plaisirs deviennent nos bourreaux,

L'étude, après l'amour, est le meilleur des maux.

LIVRE TROISIÈME.

POÉSIES DIVERSES.

LES TROYENNES.

LES TROYENNES,

CANTATE.

Ἀλλ' ὦ τῶν χαλκεγχεων Τρωων
Ἀλοχοι μελεαι,
Καὶ κουραι, καὶ δυσνυμφοι,
Τυφεται Ἰλιον. Αιαζωμεν.

ΕURIPIDE.

Aux bords du Simoïs, les Troyennes captives

Ensemble rappelaient, par des hymnes pieux,

De leur félicité les heures fugitives;

Et le deuil sur le front, les larmes dans les yeux,

8.

Adressaient de leurs voix plaintives

Aux restes d'Ilion ces éternels adieux :

CHŒUR.

D'un peuple d'exilés déplorable patrie,

Ton empire n'est plus et ta gloire est flétrie !

UNE TROYENNE.

Des rois voisins puissant recours,

Que de fois Ilion s'arma pour leur défense !

D'un peuple heureux l'innombrable concours

S'agitait dans les murs de cette ville immense :

Ses tours bravaient des ans les progrès destructeurs,

Et, fondés par les Dieux, ses temples magnifiques

Touchaient de leurs voûtes antiques

Au séjour de leurs fondateurs.

UNE TROYENNE.

Cinquante fils, l'honneur de Troie,

Assis au banquet paternel,

Environnaient Priam de splendeur et de joie :

Heureux père, il croyait son bonheur éternel !

UNE AUTRE.

Royal espoir de ta famille,

Hector, tu prends le bouclier,

Sur ton sein la cuirasse brille,

Le fer couvre ton front guerrier.

Aux yeux d'Hécube, qui frissonne,

Dans les jeux obtiens la couronne,

Pour en couvrir ses cheveux blancs;

Du ciel allumant la colère,

Déjà le crime de ton frère

T'apprête des jeux plus sanglans.

UNE JEUNE FILLE.

Polyxène disait à ses jeunes compagnes :

Dépouillez ce vallon favorisé des cieux ;

C'est pour nous que les fleurs naissent dans ces campagnes ;

Le printems sourit à nos jeux.

Elle ne disait pas : vous plaindrez ma misère

Sur ces bords où mes jours coulent dans les honneurs ;

Elle ne disait pas : mon sang teindra la terre

Où je cueille aujourd'hui des fleurs.

CHOEUR.

D'un peuple d'exilés déplorable patrie,

Ton empire n'est plus et ta gloire est flétrie.

UNE TROYENNE.

Sous l'azur d'un beau ciel, qui promet d'heureux jours,

Quel est ce passager dont la nef couronnée

Dans un calme profond s'avance abandonnée

Au souffle des Amours.

UNE AUTRE.

Il apporte dans nos murailles

Le carnage et les funérailles!

Neptune, au fond des mers que ton trident vengeur

Ouvre une tombe à l'adultère,

Et vous, dieux de l'Olympe, ordonnez au tonnerre

De dévorer le ravisseur.

UNE TROYENNE.

Mais non, le clairon sonne et le fer étincelle;

Je vois tomber les rocs, j'entends siffler les dards,

Dans les champs dévastés le sang au loin ruisselle,

Les chars sont heurtés par les chars.

Achille s'élance,

Il vole, tout fuit,

L'horreur le devance,

Le trépas le suit,

La crainte et la honte

Sont dans tous les yeux,

Hector seul affronte

Achille et les Dieux.

UNE AUTRE.

Sur les restes d'Hector qu'on épanche une eau pure,

Apportez des parfums, faites fumer l'encens.

Autour de son bûcher vos sourds gémissemens

Forment un douloureux murmure ;

Ah ! gémissez, Troyens ! soldats, baignez de pleurs

Une cendre si chère !...

Des fleurs , vierges , semez des fleurs !

Hector dans le tombeau précède son vieux père.

CHOEUR.

Des fleurs, vierges, semez des fleurs !

Hector dans le tombeau précède son vieux père.

UNE TROYENNE.

Ilion , Ilion , tu dors, et dans tes murs

Pyrrhus veille enflammé d'une cruelle joie ;

Tels que des loups errans, par des sentiers obscurs ,

Les Grecs viennent saisir leur proie.

UNE AUTRE.

Hélas ! demain, à son retour,

Le soleil pour Argos ramènera le jour ;

Mais il ne luira plus pour Troie.

UNE TROYENNE.

O détestable nuit ! ô perfide sommeil !

D'où vient qu'autour de moi brille une clarté sombre !

Quels affreux hurlemens se prolongent dans l'ombre !

Quel épouvantable réveil !

UNE JEUNE TROYENNE.

Sthénélus massacre mon frère.

UNE JEUNE TROYENNE.

Ajax poursuit ma sœur dans les bras de ma mère.

UNE AUTRE.

Ulysse foule aux pieds mon père.

UNE TROYENNE.

Nos palais sont détruits, nos temples ravagés ;

Femmes, enfans, vieillards, sous le fer tout succombe,

Par un même trépas dans une même tombe

    Tous les citoyens sont plongés.

UNE AUTRE.

Adieu, champs où fut Troie, adieu, terre chérie,

Et vous, mânes sacrés des héros et des rois,

Doux sommets de l'Ida, beau ciel de la patrie,

    Adieu pour la dernière fois !

UNE TROYENNE.

Un jour, en parcourant la plage solitaire,

Des forêts le tigre indomté
Souillera de ses pas l'auguste sanctuaire,
Séjour de la divinité.

UNE TROYENNE.

Le pâtre de l'Ida, seul près d'un vieux portique,
Sous les rameaux sanglans du laurier domestique,
Où l'ombre de Priam semble gémir encor,
Cherchera des cités l'antique souveraine,
Tandis que le bélier bondira dans la plaine
Sur le tombeau d'Hector.

UNE AUTRE.

Et nous, tristes débris, battus par les tempêtes,
La mer nous jettera sur quelque bord lointain.

UNE AUTRE.

Des vainqueurs nous verrons les fêtes ;

Nous dresserons aux Grecs la table du festin.

Leurs épouses riront de notre obéissance ;

Et dans les coupes d'or où buvaient nos aïeux,

Debout, nous verserons aux convives joyeux

    Le vin, l'ivresse et l'arrogance.

UNE TROYENNE.

Chantez cette Ilion proscrite par les dieux ;

Chantez, nous diront-ils, misérables captives,

Et que l'hymne troyen retentisse en ces lieux.

O fleuves d'Ilion, nous chantions sur vos rives,

Quand des murs de Priam les nombreux citoyens,

Enrichis dans la paix, triomphaient dans la guerre ;

Mais les hymnes troyens

Ne retentiront plus sur la terre étrangère !

UNE AUTRE.

Si tu veux entendre nos chants ,

Rends-nous , peuple cruel , nos époux et nos pères,

Nos enfans et nos frères !

Fais sortir Ilion de ses débris fumans !

Mais, puisque nul effort aujourd'hui ne peut rendre

La splendeur à Pergame en cendre ,

La vie aux guerriers phrygiens ,

Sans cesse nous voulons pleurer notre misère ,

Et les hymnes troyens

Ne retentiront pas sur la rive étrangère.

CHOEUR.

Adieu , mânes sacrés des héros et des rois !

CANTATE.

Adieu, terre chérie !

Doux sommets de l'Ida, beau ciel de la patrie,

Vous entendez nos chants pour la dernière fois !

DANAÉ.

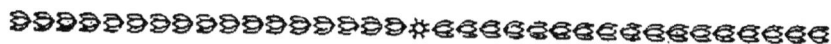

DANAÉ.

• • • • • •

.... Εὕδε βρέφος, εὑδέτω δὲ πόντος
Εὑδέτω ἄμετρον κακόν.

Simonide.

Les ministres fougueux du tyran d'Éolie

Troublaient au loin les airs de leurs longs sifflemens,

Et des rochers émus jusqu'en leurs fondemens

Amphitrite insultait la cime ensevelie

    Sous ces monts écumans.

Un torrent pluvieux s'échappait des nuages,

Et les pâles clartés que vomissaient leurs flancs

    Sillonnaient les flots turbulens

    De cet océan sans rivages.

Le front déjà voilé des ombres du trépas,

Seule sur un esquif, Danaé gémissante

Levait au ciel ses yeux éteints par l'épouvante,

Ses yeux.... Son jeune fils reposait dans ses bras.

www.ingramcontent.com/pod-product-compliance
Lightning Source LLC
Chambersburg PA
CBHW060633100426
42744CB00008B/1609